THÈSE

POUR LA LICENCE.

FACULTÉ DE DROIT DE TOULOUSE.

THÈSE

POUR LA LICENCE,

EN EXÉCUTION DE L'ARTICLE IV, TITRE II, DE LA LOI DU XXII VENTOSE AN XII,

SOUTENUE

Par M. CAUSSIA DE MAUVOISIN (Ernest),

Né à Castelsarrasin (Tarn-et-Garonne).

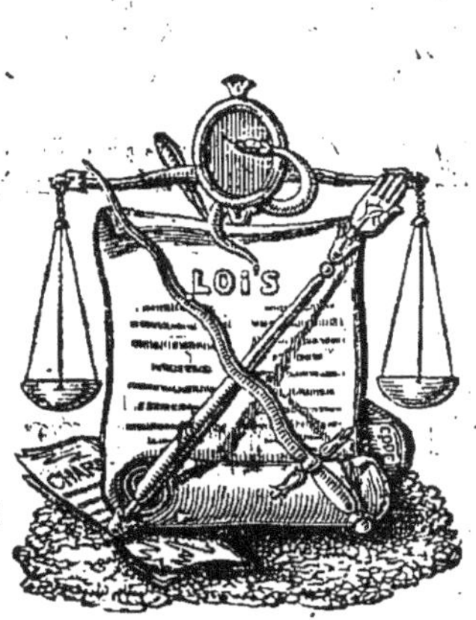

TOULOUSE,

IMPRIMERIE DE LAMARQUE ET RIVES,

Rue Tripière, 9.

A LA MÉMOIRE DE MON PÈRE!

A MA MÈRE.

A MA SOEUR.

A MA GRAND'MÈRE.

A MES ONCLES ET A MES TANTES.

©.

JUS ROMANUM.

De fidejussoribus.

In obligationibus et ad stipulatores et alii aut sponsores, aut fide promissores, aut fidejussores, qui pro aliis obligari solebant, adhibentur.
Ad stipulatorem ait Gaïus, fere tunc solum adhibemus, cum ita stipulamur ut aliquid post mortem nostram detur; adhibetur autem ad stipulator, ut is post mortem nostram agat; qui si quid fuerat consecutus, de eo restituendo mandati judicio hæredi nostro tenetur. Si dixerimus unde nomen fidejussoris ortum sit, intelligere quoque licebit, originem fidepromissoris, atque sponsoris. Fidejussores sic appellati fuerunt, ex verbis quibus creditor et se obligaturus pro alio vicissim utuntur; alteri enim dicenti fide tua esse jubes? Respondabat alter fide mea esse jubeo, eorum qui solent pro aliis obligari duo sunt genera; sponsores et fidepromissores nomine tantummodo fere discrepant; fidejussor autem in omnino dissimili conditione versatur.

Sponsores et fidepromissores non alio modo nisi verbis accedere possunt, veluti si aut pupillus sine tutoris auctoritate, aut quilibet post mortem suam dari promiserit nonnulli quidem nesciunt aut pro servo vel pro extraneo spondere jure liceat. Certo tempore liberabantur obligatione, in priscis quidem temporibus sponsores fuerant usque ad mortem actioni stipulatoris obnoxii. Sed postea lex furia (sexcentesimo quinquagesimo nono fere anno ab urbe condită), solvit sponsores et fidepromissores biennio lapsu. Si stipulans actiones non persequitur in eodem lapsu, qua persequeretur creditor, eadem lex furia, italico tantum solo, compellebat fidepromissores, sponsores ut æqua ratione participes obligationis fierent, eo tempore quo peti pecunia potest in tot partes quotquot erunt numero, ut quisque partem virilem solveret. Lege apuleia (sexcentesimo quinquagesimo decimo anno ab urbe condită), jam in quamdam societatem convenerant, sinendo summam excurrentem obligationem repetendam ab aliis.

Quorum obligatio si cives romani essent, in personam erat, nec morte ante vertebatur. Fidejussori autem omni ea erat principalis obligatio quæ quamvis jus civile eam non confirmaret tamen naturali jure valebat.

Fidejussor omnibus adjici potest obligationibus, id est : sive re, sive verbis, sive litteris, sive consensu, sive contingenti in futuro, dummodo sit aliqua; ita pro iis qui alieni juris sunt, tam servi quam filii familias, nullo modo jure civili sed naturali obligationem subibunt.

Ut ad hæredes transmittant obligationes, in perpetuum tenentur fidejussores.

Quod supra de sponsoribus fidepromissoribus que diximus de obligatione in solidum, idem non ad fidejussores pertinet, qui, in primo quidem jurisprudentiæ origine, in perpetuum et in solidum obligati erant; sed deinde postquam sententiæ principum, usus, prætores et rescripta paulatim legum acerbitatem leniere, fidejussoribus quoque beneficium confertur ordinis atque discutionis, quo quo vero fidejussores non prius conveniri posset quam excussus principalis reus fuisset.

Postea quum auctore papinia non liceret aut fidejussorem, aut debitorem convenire Justinianus tam clarum secutus magistrum, adantiquam reversus est legislationem.

Beneficium cedendarum obligationum fidejussori succuri solet ut stipulator compellatur, cedere non solum actionem quam habet, sed etiam confidejussorum cæterorum nomina palam declarare quibus fidejussor poterit repetère, quidquid ultra partem solverit. Rescripto tertium divus Hadrianus introduxit beneficium, quod confirmaverunt Severus ac Antoninus, quo creditor coactus ad actionem suam dividendam inter singulos fidejussores qui soluturi essent Litis contestatæ tempore. Sed non valet hoc ipso jure exceptionis ope, itaque in solidum tenetur fidejussor qui prætermittit hanc opponere.

Quod jam diximus, ad naturalem obligationem fidejussor accedere jure civili posse, animadvertendum tamem plus non posse inaccessione quam in principali, prudentium vero ecce sententia : intensive fidejussor obligari potest non extensive. Id est si fuerit fidejussor in duriorem causam adhibitus, non omnino obligari, sic e naturâ fidejussionis ut æstimetur quantum valeat fidejussio meminisse docet Ulpiani dicentis, non solum in quantitate sedetiam in tempore minus aut plus intelligitur.

Expresso vel tacito fidejussor mandato obligari solet, inde mandati judicium illi detur, si quid pro reo solverit. Sed si nullo sine mandato, absente vel ignorante debitore ad eum actio tantum bonorum gestorum, reo principali aut illi erit obligatio donandi animo fidejussor. « Grœce, ita accipitur fidejussor. Τῇ ἐμῇ πιοτεῖ κελεὺω, λέγω, Θελω sive βουλομαι; sed et si φημι dixerit pro eo erit si λέγω dixerit. »

In stipulationibus fidejussorum id plerumque pro certo accipitur, ut si quid in documento scriptum sit quasi actum fuerit, id re vera et solemniter ratione actum fuisse habeatur, quam ob rem, si quis scripto se fidejussisse declamarit, is omnia solemniter egisse dicitur, et quamvis multas omisisset formulas, tamen æque obligatione tenetur, ac si nullam neglexisset.

CODE NAPOLÉON.

Livre III, Titre V, Chapitre III.

RÉGIME DOTAL.

Préliminaires.

Avant la promulgation des nouvelles lois qui nous régissent, deux modes bien distincts, régulateurs de l'association conjugale se partageaient le territoire français. Dans nos provinces méridionales, où s'étaient perpétuées d'âge en âge les traditions romaines, et régies par le droit écrit, les mariages se contractaient sous le régime dotal. Dans celles du nord, au contraire, soumises au droit coutumier et aux mœurs germaniques introduits par la conquête des Francs, le régime de la communauté était seul en vigueur. Ici, un régime sous lequel les intérêts des époux sont confondus; là, un régime diamétralement opposé, sous lequel l'avoir et les intérêts des conjoints sont toujours distincts et qui peut nous représenter le spectacle bizarre de l'un des époux dans l'opulence et l'autre dans la misère.

Lors de la confection du Code Napoléon, nos législateurs, voulant adopter un seul régime, donnèrent avec raison, la préférence au régime de la communauté, et ils établirent (art. 1393), qu'à défaut de stipulation spéciale et contraire, ce régime formerait le droit commun de la

France ; mais, ne pouvant rester sourds à la voix qui partit des provinces du midi , où l'oubli du législateur était regardé comme une sorte de prohibition, leur attention se reporta sur le régime dotal , et ils en posèrent les règles dans les art. 1540 à 1573.

La dot, sous le régime dotal,, comme celui de la communauté, est le bien que la femme apporte au mari pour supporter les charges du mariage (art. 1540).L'union conjugale entraîne après elle des charges nombreuses, telles que la nourriture et l'entretien des époux, l'entretien, l'éducation et l'établissement des enfants. Or, la femme doit , tout comme le mari , supporter sa part des charges du mariage , et ceux de ses biens qui sont destinés à y faire face, constituent ce qu'on appelle la dot.

Au surplus, il ne faut pas croire que ce soit la propriété de ses biens que la femme transfère au mari pour soutenir les charges du mariage ; en principe, c'est à leur jouissance seulement que ce dernier a droit , et le droit n'a d'autre durée que celle du mariage lui-même.

Tout ce que la femme se constitue ou qui lui est donné par contrat de mariage est dotal , s'il n'y a pas stipulation contraire (art. 1541). Néanmoins, la simple stipulation que la femme se constitue ou qui lui est constituée des biens en dot, ne suffit pas pour soumettre ses biens au régime dotal ; il faut, à cet égard, une déclaration expresse dans le contrat de mariage. Cette déclaration expresse manquant, les biens se trouveront soumis au régime de la communauté. Ainsi, nous n'admettons pas de manière tacite de se soumettre au régime dotal.

SECTION PREMIÈRE.

De la constitution de la dot.

Nous examinerons dans cette première section : 1° quelle est la nature de la constitution de la dot et quels biens elle peut frapper ; 2° qui peut constituer une dot et quelles sont l'étendue et les bornes des constituants ; 3° enfin , les principes relativement à la garantie de la dot et aux intérêts qu'elle produit du jour du mariage.

§ I. — *Nature de la constitution de la dot, et quels biens elle peut frapper.*

La constitution de dot entre les deux époux est un contrat synallagmatique par lequel la future donne l'administration et la jouissance de tout ou partie des ses biens, pendant le mariage, au futur, qui, de son côté, s'oblige à en supporter toutes les charges. Quand, nonobstant les futurs époux, il intervient au contrat d'autres personnes pour constituer une dot à la future, celle-ci en acceptant les biens qui lui sont donnés comme dotaux, consent tacitement à en donner l'administration et la jouissance au mari, pour supporter les charges du mariage. Ainsi, c'est toujours de la femme que le mari tient son droit de jouissance sur les biens dotaux, soit qu'il s'agisse des biens que la femme s'est constituée à elle-même, soit qu'il s'agisse de biens qui lui ont été donnés par d'autres.

Le contrat de mariage de dot n'est destiné à avoir d'effet qu'autant que le mariage vient à se réaliser ; car, suivant le principe consacré par l'art. 1088 du Code Civil, toute donation faite en faveur du mariage est caduque si le mariage ne s'ensuit pas.

Les conventions relatives à la dot, comme celles purement matrimoniales, devront être rédigées avant le mariage, par acte devant notaire. La dot ne peut être constituée ni augmentée par le mariage (art. 1543).

Ainsi, le point de savoir quels biens frappe la constitution de dot doit être déterminé d'une manière précise avant le mariage, et tous autres biens, qui, pendant son cours, parviendraient à la femme à quelque titre que ce soit, et viendraient augmenter sa fortune, ne seraient point dotaux, mais bien paraphernaux, à moins qu'en prévision de ces évènements, on n'eût fait entrer dans la constitution même les biens à venir.

La constitution peut, en effet (art. 1542), frapper tous les biens présents et à venir de la femme, ou tous ses biens présents seulement, ou une portion de ses biens présents et à venir, ou même un objet individuel. La constitution , en termes généraux , de tous les biens de la femme, ne comprend pas les biens à venir.

§ II. — *Qui peut constituer une dot? Quelles sont les obligations des constitutions?*

Le droit de constituer une dot appartient à toute personne capable de déposer. La future elle-même, quoique mineure, pourvu qu'elle soit assistée, dans le contrat, des personnes dont le consentement est nécessaire pour la validité du contrat, peut se constituer ses biens en dot (art. 1598).

C'est en général le père et la mère qui dotent leurs enfants. Ce devoir est également imposé à tous les deux par la nature. Cependant, les lois romaines ne l'imposaient qu'au père, à qui seul appartenait la puissance paternelle, et les magistrats pouvaient le contraindre à doter ses enfants. Nos législateurs ont condamné ce système, en disposant, dans l'art. 264, que l'enfant n'a pas d'action contre ses père et mère pour un établissement par mariage ou autrement.

Toute constitution de dot est une véritable libéralité. On peut donc poser en principe que toute personne capable de disposer de ses biens peut faire une constitution de dot à une personne capable de recevoir. Il peut se présenter le cas où un père, débiteur de sa fille, lui constitue une dot. Cette dot sera-t-elle prise sur la dette du père ou sur ses autres biens? L'art. 1546 nous apprend, à ce sujet, que, « quoique la fille dotée par ses père et mère ait des biens à elle propres dont ils jouissent, la dot sera prise sur les biens du constituant, s'il n'y a pas stipulation contraire. » *Nemo liberalis, nisi liberatus.* Mais dans quelle proportion la dot sera-t-elle prise sur les biens des constituants? Par portions égales, si la part de chacun d'eux n'a pas été mentionnée (art. 1544).

Pour empêcher que le mari n'abuse de son ascendant sur sa femme, ce même article ajoute : « Si la dot est constituée par le père seul pour droits paternels et maternels, la mère, quoique présente au contrat, ne sera point engagée, et la dot demeurera en entier à la charge du père. » On comprend que, dans une affaire d'une aussi haute importance que la constitution de la dot, le législateur ait voulu que la mère participât d'une manière active et expresse au contrat.

Enfin, l'art. 1545 dit que : « Si le survivant des père et mère constitue une dot pour les biens paternels et maternels, sans spécifier les portions, la dot se prendra d'abord sur les droits du futur époux, dans les biens du conjoint prédécédé, et le surplus sur les biens du constituant. » Mêmes principes que tout à l'heure : *Nemo liberalis, nisi liberatus.*

§ 3. — *De la garantie de la dot.*

Quoiqu'en général les auteurs d'une libéralité ne soient pas assujétis à la garantie des objets donnés, on a cru devoir faire une exception à cette règle en matière de constitution de dot; car l'art. 1547 veut que ceux qui constituent une dot soient tenus à la garantie des objets constitués. Les motifs de cette disposition, toute de sagesse et de faveur, ont leur fondement dans la destination spéciale de la dot, qui ne peut devenir ainsi illusoire. Quel que soit le constituant, la garantie est toujours due, parce que si la dot est une libéralité à l'égard de la femme, c'est une disposition à titre onéreux à l'égard du mari; elle lui est donnée pour soutenir les charges du mariage, *ad sustinenda onera matrimonii.* Mais comment la garantie s'exercera-t-elle, si c'est la femme elle-même qui s'est dotée? Il est évident qu'elle s'exercera sur ses biens paraphernaux, si elle en a. Si des immeubles ont été constitués en dot, et que le mari en soit évincé, ce dernier, en dirigeant l'action en garantie contre les constituants, obtiendra la valeur de ces immeubles, suivant une estimation contradictoire.

Non-seulement le mari a droit à la garantie des objets constitués en dot, mais encore (art. 1548) les intérêts de la dot courent de plein droit à son profit du jour de la célébration du mariage devant l'officier de l'état civil contre ceux qui l'ont promis, encore qu'il y ait terme pour le paiement, s'il n'y a stipulation contraire. Destinée à faire face aux charges du mariage, la dot doit être productive du moment où ces charges ont commencé. De même, si l'immeuble dotal avait été livré avant la célébration, les fruits perçus dans l'intervalle augmenteraient la .dot, car le futur mari n'avait aucun titre pour s'en emparer.

SECTION II.

Du droit des maris sur les biens dotaux, et de l'inaliénabilité du fonds dotal.

§ Ier. — *Du droit des maris sur les biens dotaux.*

L'étude des droits des maris sur les biens dotaux se présente à nous sous deux faces, suivant que les droits ont rapport aux meubles ou biens immeubles. De là deux questions qui méritent d'être examinées chacune en particulier.

S'il s'agit de meubles qui se consomment par l'usage, ou bien de tous autres, mis à prix par le contrat, sans déclaration que l'estimation n'en fait pas vente, le mari en devient propriétaire, et n'est débiteur que du prix donné aux meubles. Dans tous autres cas, il n'a qu'un droit de jouissance. Quant aux immeubles, il n'en a jamais que la jouissance, même quand ils ont été mis à prix, à moins qu'il n'eût été déclaré expressément que l'estimation en fait vente. Il en était différemment en droit romain; mais, vu l'importance des immeubles, on a dû exiger la déclaration expresse des parties, pour que l'estimation en transporte la propriété au mari.

L'immeuble acquis des deniers dotaux (art. 1553), n'est pas dotal, si la condition de l'emploi n'a été stipulée par le contrat de mariage. Il en est de même de l'immeuble donné en paiement de la dot constituée en argent. A cet égard, la thèse contraire ne saurait être soutenue. Abordons maintenant la disposition importante de l'art. 1549, ainsi conçu : « Le mari seul a l'administration des biens dotaux pendant le mariage. Il a seul le droit d'en poursuivre les débiteurs et détenteurs, d'en percevoir les fruits et les intérêts, et de recevoir le remboursement des capitaux. »

Certains auteurs ont cru voir une si grande analogie entre le droit du mari sur les biens dotaux et celui d'un usufruitier, qu'ils n'ont pas craint de dire que le droit du mari est un véritable usufruit : c'est l'erreur la plus grave. Le caractère essentiel de l'usufruit est d'être un démembrement de la propriété. La conséquence qui s'induit de là, c'est que l'usufruit est un immeuble, quand l'objet auquel il s'applique est aussi un immeuble, et que, comme tel, il est susceptible d'hypothèque (2118), et même soumis à l'expropriation forcée (2205). Or, on ne peut soutenir que la jouissance du mari puisse être considérée comme un démembrement de la propriété.

Il résulte de l'art. 1549 qu'il appartient au mari seul de poursuivre le recouvrement des sommes et valeurs constituées en dot à la femme, et que celle-ci serait sans qualité pour cela. Néanmoins il convient d'entendre cette disposition de la loi d'une manière raisonnable, et nous pensons qu'on ne pourrait opposer à la femme son défaut de qualité, si elle agissait avec l'assistance et l'autorisation de son mari.

Ici se place une question très grave ; pourrait-il intenter seul l'action pétitoire, c'est-à-dire celle par laquelle on réclame non la possession, mais la propriété même. Il le pouvait en droit romain. Quelques auteurs pensent que les principes du régime dotal actuel étant ceux des Romains, ce droit lui appartiendrait encore. D'autres, au contraire, ne considérant le mari que comme simple usufruitier, la femme étant propriétaire, pensent avec raison que ses droits sur les immeubles dotaux ne paraissent pas plus étendus que ceux que l'art. 1428 lui donne sur les biens personnels de la femme ; or, cet article ne lui accorde que le droit d'exercer seul les actions possessoires.

Le mari peut seul poursuivre les détenteurs de la dot. Les termes de l'art. 1549 nous montrent d'une manière évidente qu'il a été dans l'esprit du législateur d'accorder au mari l'action pétitoire. Au reste,

quand le mari poursuit le recouvrement de la dot , et que l'objet constitué est un immeuble, il ne pourrait, de concert avec le constituant,
recevoir une chose pour une autre ; le principe de l'inaliénabilité s'y
oppose. Toutefois, il est permis au mari de recevoir des immeubles en
paiement, lorsque la dot a été constituée en deniers. Ces immeubles
ne deviennent point dotaux., à moins qu'une condition d'emploi n'ait
été stipulée dans le contrat de mariage (1553). L'immeuble acquis des
deniers dotaux est donc dotal, lorsque la condition d'emploi a été stipulée.

Lorsqu'il a été stipulé dans le contrat de mariage que le mari fera
emploi des deniers dotaux, il doit, en exerçant son action en paiement,
offrir de se soumettre à cette condition, faute de quoi le débiteur pourrait écarter sa demande. L'action en paiement de la dot se prescrit par
trente ans (2262).

Le mari n'est pas tenu de fournir caution pour la réception de la
dot, s'il n'y a pas été assujéti par le contrat de mariage. En effet, on
ne doit pas facilement supposer qu'un père se défie de la capacité ou
de la moralité de celui à qui il ne craint pas de confier sa fille elle-
même.

§ II. — De l'inaliénabilité du fonds dotal.

La conservation de la dot était regardée à Rome comme un point de
droit public. Aussi éveilla-t-elle plusieurs fois la sollicitude du législateur, qui ne crut trouver de moyen plus efficace pour la conserver, que
de la rendre inaliénable. La loi *Julia, de fundo dotali,* rendue sous Au-
gustin, fut la première qui consacra ce principe, en défendant au mari
d'aliéner les biens dotaux situés en Italie, de les hypothéquer sans le
consentement de la femme. Justinien généralisa la prohibition en défendant d'aliéner et d'hypothéquer les fonds dotaux, même du consentement de la femme, quel que fût le lieu de leur situation.

En France, dans les provinces régies par les coutumes, on repoussa
de tels principes, qu'on regardait comme inconciliables avec la liberté

de commerce. Dans les pays de droit écrit, au contraire, le principe de l'inaliénabilité de la dot fut introduit avec les lois romaines.

Les auteurs du Code Civil avaient d'abord eu la pensée de prescrire le principe de l'inaliénabilité, mais leur projet rencontra une si vive opposition qu'ils se virent contraints d'y renoncer, et ils disposèrent dans l'art. 1554 que « les immeubles constitués en dot ne peuvent être aliénés ou hypothéqués pendant le mariage ni par le mari, ni par la femme, ni par les deux conjointement, sauf les exceptions qui suivent. »

Ainsi se trouve consacré de la manière la plus claire et la plus expresse le principe de l'inaliénabilité des immeubles dotaux. La transaction, le compromis ne peuvent porter atteinte à ce principe. Cette inaliénabilité s'appliquera-t-elle aussi bien à la dot mobilière qu'à la dot immobilière ? Nous ne le pensons pas ; et malgré la diversalité des opinions, nous ne balancerons pas à affirmer la négative. L'art. du Code ne porte que les immeubles dotaux ; mais le droit d'aliéner ses meubles ne peut appartenir qu'à la femme assistée du mari.

Si la dot consiste en argent ou en créances, droits et actions, comme ces immeubles incorporels doivent être ramenés en définitive en une somme d'argent, et l'argent étant fongible, la propriété en appartient au mari ; le droit de la femme consiste uniquement à s'en faire restituer le montant en numéraire. S'il est de principe, sous le régime dotal, que les immeubles ne peuvent être alinés, cela n'est point de son essence. En effet (art. 1557), l'immeuble dotal peut être aliéné quand l'aliénation en a été permise par le contrat de mariage. Il est bien entendu que le mari ne pourra aliéner qu'avec le concours de la femme. D'autres exceptions au principe posé sont contenues dans les art. 1555 et 1556. Le premier est ainsi conçu : « La femme peut, avec l'autorisation de son mari, ou, sur son refus, avec permission de justice, donner ses biens dotaux pour l'établissement des enfants qu'elle aurait d'un mariage antérieur. » Mais si elle n'est autorisée que par la justice, elle doit réserver la jouissance au mari. Il était à craindre, en effet, que le mari ne fût trop facilement porté à interdire une aliénation toute au profit d'enfants qui lui sont étrangers, et dont les intérêts sont contraires aux siens.

Il n'en est pas de même lorsque les enfants sont communs à tous deux ; alors le refus du mari devient irrévocable, parce qu'il faut nécessairement supposer que ce refus d'autorisation d'aliéner pour l'établissement de ses propres enfants est basé sur de graves motifs ; aussi l'art. 1550 porte-t-il : « La femme peut aussi, avec l'autorisation de son mari, donner ses biens dotaux pour l'établissement de leurs enfants communs. »

Suivant l'art. 1558, l'immeuble dotal peut être aussi aliéné pour tirer de prison le mari et la femme, pour fournir des aliments à la famille dans les cas prévus par les art. 203, 205 et 206, au titre du mariage ; pour payer les dettes de la femme ou de ceux qui ont constitué la dot, lorsque les dettes ont une date certaine, antérieure au contrat de mariage, pour faire de grosses réparations indispensables pour la conservation de l'immeuble dotal ; enfin, lorsque cet immeuble se trouve indivis avec des tiers et qu'il est reconnu impraticable. Dans tous les cas, l'aliénation doit être autorisée par la justice ; elle ne peut être faite qu'aux enchères, après trois affiches. En exigeant ces formalités, on a voulu empêcher les époux d'arriver frauduleusement à l'aliénation du fonds dotal, et de se soustraire ainsi à l'art. 1355 qui dit : « Toutes conventions matrimoniales ne peuvent recevoir aucun changement après la célébration du mariage. »

Du reste, suivant le même article, dans tous les cas qu'il prévoit, l'excédant du prix de la vente, au-dessus des besoins reconnus, restera dotal, et il en sera fait emploi, comme tel, au profit de la femme.

La loi permet au mari d'échanger un immeuble dotal. Il faut : 1° que l'immeuble offert en échange soit de la même valeur que l'immeuble dotal, ou tout au moins que cette valeur ne soit pas au-dessous des quatre cinquièmes ; 2° que l'utilité de l'échange soit justifiée ; 3° que la femme y donne son consentement. L'immeuble reçu en contre-échange devient de plein droit dotal. Il en est de même de la soulte qui peut être due à la femme, et il doit en être fait emploi (1559).

La prohibition d'aliéner s'applique à toute espèce de moyens propres à transférer la propriété, excepté aux dispositions de dernière volonté et aux donations entre époux.

Cette prohibition a pour but d'empêcher que les intérêts du mari, de la femme et des enfants, ne soient compromis ; la nullité qui peut s'ensuivre ne sera donc opposable que par ces derniers, leurs héritiers ou successeurs universels. Le mari a le droit de provoquer l'annulation, non-seulement des aliénations faites par la femme, avec ou sans autorisation, mais encore de celles qu'il a faites lui-même (1560). Dans ce dernier cas, s'il a laissé ignorer le caractère de dotalité des immeubles à l'acquéreur, ou s'il est soumis à la garantie, il devra des dommages-intérêts (1560).

La promesse de garantie d'éviction donnée par la femme, n'est valable qu'autant que celle-ci s'est engagée avec l'autorisation de son mari, et dans ce cas même, l'exécution de cette promesse ne peut être poursuivie que sur ses biens paraphernaux.

L'action du mari en nullité de l'aliénation d'un meuble dotal et au délaissement de cet immeuble, n'est pas recevable après la dissolution du mariage, ni même après la séparation de corps ou de biens. L'action de la femme ne s'exerce qu'après la dissolution ou la séparation de corps ou de biens. Cette action se prescrit par dix ans, à dater de la dissolution du mariage, lorsque la femme a elle-même consenti l'aliénation avec l'autorisation du mari, ou qu'elle a concouru à l'aliénation faite par ce dernier.

Si le mari n'a pas un véritable droit d'usufruit sur les biens dotaux, il est néanmoins tenu, à l'égard de ces biens, des obligations de l'usufruitier ; il est toutefois dispensé de l'une des plus importantes, par l'art. 1550, qui porte que le mari n'est pas tenu de fournir caution pour la réception de la dot, s'il n'y a point été assujéti par le contrat de mariage. Il est, au surplus, responsable de toutes prescriptions acquises et détériorations survenues par sa négligence. Il est accordé une ressource à la femme lorsque sa dot est mise en péril, c'est celle de poursuivre la séparation de biens, ainsi qu'il est dit aux art. 1443 et suivants (1563).

Cette disposition de la loi a fait naître une des questions les plus graves et les plus difficiles à résoudre ; c'est celle de savoir si, après la séparation de biens prononcée, l'immeuble dotal cesse d'être aliénable. Cette question trouve pour l'affirmative et la négative des arguments invincibles.

En effet, d'un côté, l'on peut dire : l'immeuble dotal est inaliénable ; donc il est imprescriptible, conséquence de droit.

Mais lorsque la séparation de biens a été prononcée, la loi déclare l'immeuble dotal prescriptible (1561) ; donc il n'est plus inaliénable ; car, s'il l'était, il ne pourrait être sujet à la prescription.

Malgré cependant ce fond de raisonnement à l'appui des solutions ; malgré que le législateur, peu conséquent avec lui-même, ait oublié, dans l'art. 1561, la règle qu'il avait posée dans l'art 1554, nous pensons que, vu le principe dominant de l'inaliénabilité de la dot immobilière, l'immeuble dotal ne peut être aliéné par les époux même après la séparation de biens, quoique la femme puisse en perdre la propriété par la prescription qu'elle laisserait acquérir contre elle.

§ III. — *De la restitution de la dot.*

La dot n'ayant été apportée au mari que pour l'aider à soutenir les charges du mariage, se trouverait dans ses mains sans motif après sa dissolution ; aussi a-t-il été sagement disposé que l'obligation de restituer la dot était imposée au mari, une fois le mariage dissous. Lorsqu'il n'a été établi, entre les époux, aucune convention pour régler le mode et l'époque de cette restitution, il faut nécessairement suivre les règles contenues dans les articles 1564 et suivants. Voici comment les instructions sont faites par ces articles : « Si la dot consiste en immeubles ou bien en meubles dont la propriété est toujours restée à la femme, elle doit être restituée sans délai, si la femme ou ses héritiers l'exigent. Si la dot consiste en une somme d'argent ou en meubles, mis à prix par le contrat de mariage, sans déclaration que l'estimation n'en rend pas le mari propriétaire, la restitution, alors, n'en peut être exigée qu'un an après la dissolution. Les motifs de cette différence sont assez apparents ; dans le premier cas, le mari tient en main les objets dotaux ; dans le second, il faut qu'il les fasse rentrer.

Si les meubles constitués en dot, dont la propriété est restée à la femme, ont dépéri par l'usage et sans la faute du mari, il ne sera tenu de rendre que ceux qui resteront, et dans l'état où se trouveront à la dissolution du mariage (1666). » Cette disposition est une conséquence du principe *res perit domino.*

La dot consiste-t-elle en un usufruit, le mari ou ses héritiers ne seront obligés, à la dissolution du mariage, que de restituer le droit d'usufruit, et non les fruits échus pendant le mariage (1568). De même si la femme avait apporté en dot une rente viagère, et que la dissolution du mariage fût arrivée par la mort du mari, ses héritiers ne devraient restituer que les titres de rente et non les arrérages perçus.

Le mari, avons-nous dit, est tenu de restituer la dot qu'il a reçue. Mais comment savoir si la dot a été réellement soldée? Dans cette alternative, le Code établit une présomption de paiement très favorable à la femme. « Si le mariage a duré dix ans, dit l'article 1557, depuis l'échéance des termes pris pour le paiement de la dot, la femme ou ses héritiers pourront répéter la dot contre le mari après la dissolution du mariage, sans être tenus de prouver qu'il l'a reçue, à moins qu'il ne justifiât de diligences inutilement faites pour en obtenir le paiement. »

La dissolution du mariage peut arriver par la mort du mari ou par celle de la femme. Dans le premier cas, la femme peut, à son choix, exiger les intérêts de la dot pendant l'année de deuil, ou se faire fournir des aliments, pendant le même temps, par la succession du mari; de plus, l'habitation durant cette année, et les habits de deuil doivent lui être fournis sur la succession, et sans imputation sur les intérêts à elle dus. Dans ce second cas, l'intérêt et les frais de la dot à restituer courent de plein droit, au profit des héritiers de la femme, depuis le jour de la dissolution du mariage (1570). L'article suivant ajoute qu'à cette dissolution, les fruits des immeubles dotaux se partagent entre le mari et la femme, ou leurs héritiers, à proportion du temps que le mariage a duré pendant la dernière année. L'année commence à partir du jour où il a été célébré. Quant aux dettes que la femme pourrait avoir contractées avant le mariage, les unes sont établies par titres qui ont acquis une date certaine, et les autres par titres n'ayant pas date certaine. A l'égard des premières, le mari pourra les imputer sur la dot, ou bien il lui en sera tenu compte lors de la restitution. A l'égard des secondes, quoiqu'on eût pu se dispenser de les payer pendant le mariage, le mari qui, en les acquittant, a reconnu leur légitimité, sera subrogé aux droits des créanciers, et les exercera à la dissolution du mariage.

Les dettes valablement contractées par la femme durant le mariage, ses créanciers peuvent s'en faire rembourser sur ses biens extra-dotaux; ils peuvent même, à la dissolution du mariage, poursuivre le paiement sur les immeubles qui composaient sa dot, et qui, depuis cette dissolution, ont cessé d'être inaliénables. Nul doute sur ce point; et le mari qui aura acquitté les dettes pendant le mariage, pourra se faire désintéresser en exerçant les droits des créanciers.

La disposition de l'art. 1572, qui porte que la femme, durant le mariage, n'a point de privilége pour la répétition de la dot sur les créanciers antérieurs à elle en hypothèques, est fondée sur un principe de justice et de raison,

§ IV. — *Des biens paraphernaux.*

Si les époux déclarent se marier sous le régime dotal, et que la femme ne constitue en dot qu'une partie de ses biens, le reste est paraphernal; si elle ne se constitue aucun bien en dot, tous ses biens sont paraphernaux ; ainsi on peut être marié sous le régime dotal, bien qu'on n'ait pas constitué de dot (1575). Mais alors, l'association conjugale devient, par le fait, une espèce de séparation de biens, car la femme a, dans ce cas, sur les biens paraphernaux, les mêmes droits que la femme séparée de biens. Dans ce cas, s'il n'y a pas une convention dans le contrat pour faire supporter à la femme une portion des charges du mariage, elle y contribue jusqu'à concurrence du tiers de ses revenus (1575). Elle pourra être contrainte pour une portion plus forte, et même pour la totalité. Dans tous les cas, elle devra remettre au mari, chef du mariage, le montant de sa contribution. Elle ne peut être contrainte par lui à délaisser une portion quelconque de ses biens en principal.

La femme conserve l'administration et la jouissance de ses biens paraphernaux : mais elle ne peut les aliéner ni paraître en jugement à raison desdits biens sans l'autorisation du mari, ou, à son refus, sans la permission de la justice (1576). Cette restriction portée aux droits de la femme est fondée sur la puissance maritale, qui reste au profit du mari, indépendamment de tous régimes et stipulations contraires. Le mari n'est pas responsable du défaut d'emploi, quoiqu'il ait autorisé sa femme à aliéner ses biens paraphernaux, à moins qu'il ne fût prouvé qu'il a profité du prix des biens vendus. Si la femme donne sa procuration au mari pour administrer ses biens paraphernaux, avec charge de lui rendre compte des fruits, il sera tenu vis-à-vis d'elle comme tout mandataire (1577). Mais si, sans mandat, et néanmoins sans opposition de la femme, le mari a jjoui de ses biens paraphernaux, il n'est tenu, à la dissolution du mariage, ou à la première demande de la femme, qu'à la représentation des fruits existants, et il n'est point comptable de ceux qui ont été consommés jusqu'alors (1578). Dans le cas d'opposition, il serait tenu de représenter les fruits tant existants que consommés (1579). L'opposition de la femme doit être constatée par acte, et le mari ne restitue pas les fruits consommés avant l'opposition.

PROCÉDURE CIVILE.

De la conciliation.

« La meilleure loi, le plus excellent usage, le plus utile que j'ai jamais vu, c'est en Hollande. Quand deux hommes veulent plaider l'un contre l'autre, ils sont obligés d'aller d'abord au tribunal des *conciliateurs*, appelés *faiseurs de paix*. Si les parties arrivent avec un avocat et un procureur, on fait d'abord retirer ces derniers, comme on ôte le bois d'un feu qu'on veut éteindre. Les *faiseurs de paix* disent aux parties : Vous êtes de grands fous de vouloir manger votre argent, et vous rendre mutuellement malheureux ; nous allons vous accommoder sans qu'il ne vous en coûte rien. » Voltaire, car c'est lui qui parle, avait apprécié suivant son bon sens ordinaire, quand il n'est pas passionné, l'utilité d'une pareille institution. Nous pouvons ajouter avec notre savant professeur, M. Rodière : « Qu'il est peu de différends que l'intervention d'un homme sage et respecté des parties ne puisse terminer à leur naissance. C'est donc une heureuse idée que celle d'obliger les parties, avant d'entrer dans la lice judiciaire, à se présenter devant un magistrat chargé de les concilier. »

L'établissement du bureau de conciliation est dû à la loi du 24 août 1790.

La conciliation a pour but, d'amener une transaction entre les plaideurs. Aussi le juge de paix n'est plus considéré que comme conciliateur entre les parties. L'Assemblée Constituante exigea cette tentative avant toute demande formée, soit en instance, soit en appel : mais les auteurs du Code de Procédure, instruits par l'expérience, ne l'ont pas exigée toutes les fois que les retards qu'elle occasionne pourraient nuire à l'une des parties.

Nous allons voir successivement : 1° quelles sont les affaires soumises à la conciliation ; 2° devant quel juge elles doivent être tentées ; 3° quels sont les délais et formes de la citation en conciliation et la comparution des parties ; 4° enfin, nous traiterons de la conciliation, non conciliation ou non comparution des parties.

§ I. — *Des affaires soumises au préliminaire de la conciliation.*

Pour que l'épreuve conciliatoire soit obligatoire, la demande doit réunir, d'après l'art. 48, les quatre caractères suivants : 1° qu'elle soit principale ; 2° introductive d'instance ; 3° entre parties capables de transiger ; 4° qu'elle porte sur des objets qui peuvent être la matière d'une transaction.

Ces deux dernières conditions se justifient complètement et ne demandent pas d'explication. La demande principale est celle que l'on forme pour la première fois contre une partie ; elle ne sera pas introductive d'instance, si elle est formée dans le cours d'une contestation déjà engagée. Telle est la règle générale ; l'art. 49 énumère les exceptions à cette règle. Sont dispensés du préliminaire de conciliation : 1° les demandes qui intéressent l'Etat et le domaine (si l'État est défendeur, ces demandes doivent être précédées, à peine de nullité, de la remise d'un Mémoire au préfet), 2° les communes ou établissements publics ; 3° les mineurs, les interdits, les curateurs aux successions vacantes, parce que ces personnes sont incapables de transiger. Les femmes mariées et les personnes pourvues d'un conseil judiciaire ne sont pas exemptes de cette formalité.

La loi dispense du préliminaire de conciliation les affaires qui réclament célérité, et il n'est pas nécessaire pour cela que le défendeur soit cité à bref délai. La loi s'en rapporte à l'arbitrage du juge.

Ne sont pas soumises à la conciliation, les demandes en matière de commerce; les demandes en intervention ou en garantie, parce qu'elles ne sont qu'accessoires à la demande principale; les demandes de mise en liberté; celles en main-levée de saisie ou opposition, en paiement de loyer, fermages ou arrérages de rentes ou pensions; celles des avoués en paiement des frais. L'art. 9 du décret du 16 février 1807 étend cette dispense à tous les officiers ministériels. La loi dispense encore les demandes formées contre plus de deux parties, encore qu'elles aient le même intérêt. Il est, en effet, difficile, de faire accorder plusieurs personnes.

Enfin, sont dispensées les demandes en vérification d'écritures en désaveu, en règlement de juges, en renvoi, en prise à partie, qui intéressent généralement l'ordre public. Les demandes contre un tiers saisi, et, en général, sur les saisies, sur les offres réelles, sur la remise des titres, sur leur communication, sur les tutelles, et curatelles, et, enfin, toutes les causes exceptées par la loi.

§ II. — *Devant quel juge la conciliation doit être portée?*

L'essai de conciliation a toujours lieu devant le juge de paix. L'article 30 indique les situations dans lesquelles le défendeur sera cité. En matière personnelle et réelle, ce sera devant le juge de son domicile. Les actions réelles devraient être intentées devant le tribunal de la situation de l'objet litigieux; mais on a pensé avec raison, que le défendeur se rendrait plus facilement aux exhortations du juge de paix de son domicile. En matière de société autre que celle de commerce, tant qu'elle existe, le défendeur doit être cité devant le juge de paix du lieu où elle est établie; en matière de succession, avant le partage, devant le juge du lieu où elle est ouverte. Mais une fois la société dissoute, ou la succession partagée, il n'y a plus d'être moral, ni d'associés, ni d'héritiers; chacun en ayant reçu sa part, en est propriétaire particulier, il doit être cité en conciliation devant le juge de paix de son domicile, excepté lorsqu'il s'agit d'une demande en garantie entre copartageants, et en rescision du partage (C. C., 822).

§ III. — *Des délais et preuves de la citation en conciliation et de la comparution des parties.*

Le délai de la citation en conciliation doit être de trois jours au moins (51). Ces trois jours doivent être francs, c'est-à-dire que l'on ne compte pas celui de la citation ni celui de l'échéance. Le délai sera augmenté d'un jour à raison de trois myriamètres de distance entre le lieu où demeure la partie citée et celui où elle doit comparaître (1033).

La citation sera donnée par un huissier de la justice de paix du défendeur : ce qui s'entend de tout huissier domicilié dans le même canton que le défendeur, depuis la loi du 25 mai 1838. La citation doit contenir sommairement l'objet de la conciliation, pour que le demandeur sache ce qu'on veut lui demander, et sur quels motifs on se fonde.

Les parties doivent comparaître en personne, sauf empêchement ; elles ne peuvent se faire représenter par un fondé de pouvoir. La partie qui veut se faire représenter n'a pas besoin de prouver quels sont les motifs qui l'empêchent de se présenter elle-même. Le fondé de pouvoir peut-il transiger ? D'après la loi du 27 mars 1791, le mandant donnait au mandataire le pouvoir de transiger ; aujourd'hui, cela n'est plus nécessaire.

La conciliation doit-elle avoir lieu publiquement ou à huis-clos ? Ne tenant pas une véritable audience, les juges de paix semblent avoir adopté la non-publicité.

Lors de la comparution, le demandeur peut, non-seulement expliquer, mais encore étendre sa demande, sans toutefois réclamer des objets qui y sont étrangers, car ce serait former une nouvelle demande.

L'art. 54 donne plus de latitude au défendeur. Il peut former des demandes pourvu qu'elles soient relatives à la demande formée contre lui; si, par exemple, on lui réclame le paiement d'une somme prêtée, il peut opposer la compensation.

§ IV. — *De la conciliation, non-conciliation ou non-comparution.*

Il est positif que le juge de paix, en bureau de conciliation', n'a aucune autorité coactive; ses efforts doivent seulement tendre à concilier les parties, et puis il en fait connaître les résultats. Si les parties s'entendent, le procès-verbal contiendra les conditions de leur arrangement; ces conditions n'auront simplement que l'effet d'une obligation privée, et, pour les rendre exécutoires, il faudra recourir à la justice ordinaire et obtenir un jugement (C. C., 1322 et suiv.).

Cette dernière partie de l'art. 54 fut ajoutée sur la demande des notaires de Paris. On refusa aux procès-verbaux la force hypothécaire; car, dans bien des cas, on aurait pu aisément se passer du ministère des notaires. L'authenticité de ces procès-verbaux est absolue. Si l'une des parties défère le serment à l'autre, le juge de paix le recevra, ou fera mention du refus de le prêter (55). Le juge de paix ne fait ici que constater un fait. Si le serment est prêté, le procès est terminé', puisque la loi ne permet pas de prouver la fausseté du serment déféré.

Mais quelles sont les conséquences du refus du serment? Il est évident que la partie qui se prévaut du refus du serment ne peut le faire qu'en justice réglée; et, quant à la partie refusante, il nous semble plausible qu'elle puisse être admise à prêter, devant le tribunal, le serment qu'elle a refusé devant le juge de paix; car on n'a pas oublié que ce magistrat n'a aucun pouvoir coactif.

Passons maintenant à la non-comparution des parties.

Celles des parties, dit l'article 56, qui ne comparaîtra pas, sera condamnée à une amende de dix francs, et toute audience lui sera refusée jusqu'à ce qu'elle ait justifié de la quittance. La condamnation à l'amende est prononcée par le tribunal saisi de la condamnation, sur le vu d'un certificat de sa non-comparution. Le tribunal peut accorder la remise de l'amende, et, par suite, la faculté de plaider, à celui qu'une maladie, un accident, ou une force majeure, aurait empêché de se présenter.

Nous ne nous étendrons pas sur l'art. 57, à propos de l'interruption civile que crée la citation en non-conciliation. Nous observerons seulement que si la loi a fixé un délai pour former une demande en justice, c'est qu'elle n'a pas voulu qu'on pût, en citant de temps à autre en conciliation, prolonger indéfiniment le temps de la prescription.

DROIT CRIMINEL.

CHAPITRE II.

Des tribunaux correctionnels.

La loi du 22 juillet 1791 attribuait la juridiction de police simple ou municipale aux corps municipaux, et la juridiction de police correctionnelle qui décidaient au nombre de trois; leur tribunal se composait de trois juges de paix, ou d'un juge de paix et un assesseur, ou un juge de paix et deux assesseurs; plus tard vint le code du 3 brumaire, an IV. Ce code retira aux corps municipaux leur juridiction pour l'attribuer aux juges de paix, et il institua des tribunaux correctionnels au nombre de trois au moins, et de six au plus dans chaque département.

Mais la loi du 27 ventôse, an VIII, posant d'autres bases, celles aujour-
d'hui adoptées, attribua aux tribunaux civils d'arrondissement le droit
de connaître en première instance les matières correctionnelles. A
cette loi il faut joindre la loi du 20 avril 1810 et le décret du 8 août
suivant. Ce décret décide que, dans les tribunaux d'une seule chambre,
une ou plusieurs audiences spéciales indiquées seront consacrées aux
matières correctionnelles, et que, dans les tribunaux de plusieurs
chambres, une de ses chambres sera spécialement affectée au service
de la police correctionnelle. Sur les huit chambres du tribunal de la
Seine, trois sont affectées à ce service.

Compétence des tribunaux correctionnels.

La compétence des tribunaux correctionnels est générale et spéciale.

La compétence générale de ces tribunaux comprend tous les délits,
c'est-à-dire les actes punis d'un emprisonnement supérieur à cinq jours
et d'une amende supérieure à 15 fr. Ici le maximum de l'amende n'a
pas été déterminé ; mais le maximum de l'emprisonnement est en général de cinq ans, et, en cas de récidive, il peut être porté à dix ans.
La récidive ne change pas cette compétence à moins qu'elle ne fasse
passer le fait dans la classe des crimes, comme dans l'art. 200 (Code
Pénal).

Dans leur compétence spéciale, les tribunaux correctionnels connaissent, outre tous les délits forestiers, d'abord, et par exception, de
toutes les contraventions forestières poursuivies à la requête de l'administration et non des particuliers (ces derniers étant de la compétence des juges de paix, juges de police) ; ensuite, sauf les restrictions
de l'art. 192, des contraventions qui, par erreur, leur auraient été soumises comme délits.

Par exception, les tribunaux correctionnels ne connaissent pas de
certains délits : 1º des délits de la presse, déférés aux cours d'assises ;
2º de certains délits imputés à certains membres de l'ordre judiciaire
et déférés aux cours impériales ; 2º des délits commis par les fonction-

naires désignés dans l'art. 10, loi du 20 avril 1810, délits déférés aux cours impériales ; 4° en vertu de l'art. 160, d'un décret du 15 novembre 1811, de certains délits imputés à des membres de l'Université ou aux étudiants. Ici l'attribution aux cours impériales est facultatif. Cet article du décret attribue aussi facultativement aux cours impériales la connaissance même des crimes ; mais, sous ce rapport, il y a abrogation de ces articles par les articles généraux de la constitution du 14 janvier 1852, et par la consécration nouvelle de la juridiction des jurés et du principe que nul ne peut être distrait de ses juges naturels.

Les tribunaux correctionnels sont juges d'appel en matière de simple police ; ils le sont aussi, dans certains cas, les uns à l'égard des autres. Le nombre des juges doit être au moins de trois en premier ressort, et de cinq en appel. Celui qui a fait l'instruction ou les juges qui ont prononcé le renvoi en police correctionnelle, dans la chambre du conseil, ne sont pas exclus de ce nombre comme pour les cours d'assises, bien que cela ait l'inconvénient d'appeler à prononcer des personnes dont l'opinion est formée en partie d'avance. Il en est ainsi à cause du petit nombre des juges de la plupart des tribunaux civils, ce qui ne permettrait pas d'appeler d'autres juges. D'ailleurs, le fait n'est pas assez grave pour mériter grande importance.

A la différence des juges de paix et des tribunaux de commerce, juges d'exception qui ne peuvent punir immédiatement que les délits commis à leur audience et portant atteinte au respect dû à la justice, les tribunaux correctionnels, les tribunaux civils et les cours impériales peuvent punir, séance tenante, toutes espèces de délits commis à leur audience. On pourra interjeter appel si le jugement a été rendu par des juges sujets à l'appel ; si c'est une cour impériale qui a prononcé, l'arrêt sera définitif.

Manières dont sont saisis les tribunaux correctionnels.

Les tribunaux correctionnels sont saisis de deux manières différentes.

Dans la première manière, le renvoi est prononcé, soit par la chambre du conseil, soit par la chambre des mises en accusation (art. 130, 230). Ce renvoi et la qualification du fait ne tiennent pas le tribunal correctionnel, qui, reconnaissant dans le fait un crime, doit renvoyer le prévenu devant le juge compétent. Dans la seconde manière, citation directe est adressée à la requête, soit de la partie publique, c'est-à-dire du procureur impérial et des agents indiqués par la loi, soit de la partie privée qui n'a pas le même droit en matière criminelle. La partie civile devra faire par la citation élection de domicile dans la ville du tribunal, à défaut de quoi le prévenu sera dispensé de toute notification à la partie lésée.

L'énonciation des faits est de toute nécessité, même dans la citation du ministère public.

Le délai de la citation est de trois jours au moins, plus un jour par trois myriamètres de distance, à peine de nullité, non pas de la citation, mais de la condamnation par défaut. Si le prévenu, comparaissant à bref délai, consent à se défendre, le vice de la citation est couvert ; mais si, après avoir demandé inutilement une prolongation, il refuse de se défendre et est condamné par défaut, il pourra former opposition. La nullité devra être proposée à la première audience avant toute exception ou défense.

Maintenant se présente la question de savoir si le prévenu peut comparaître par un mandataire.

En matière de simple police toujours, même lorsqu'il y aurait lieu à emprisonnement. Au contraire, en matière correctionnelle, si la matière peut entraîner l'emprisonnement; comme ici l'emprisonnement a plus de gravité, le prévenu ne peut pas se faire représenter. S'il n'y a pas lieu à l'emprisonnement, il le pourra, mais seulement par un avoué, sans préjudice du droit qu'a le tribunal d'ordonner sa comparution en personne et de le condamner contradictoirement, bien qu'il n'eût pas paru, s'il a été représenté. S'il ne s'est pas fait représenter ou s'il n'a pas eu le droit de faire, il sera condamné par défaut. Si le prévenu ne paraît pas ou s'il refuse de se défendre, il est condamné par défaut. Le délai qui lui est accordé pour former opposition est de cinq jours non francs. L'opposition efface la condamnation par défaut, mais à une condition, c'est que le prévenu plaidera sur son opposition.

Le tribunal a le droit d'accorder une provision exécutoire nonobstant l'appel à la partie civile contre le prévenu, afin qu'elle puisse faire face aux frais de poursuite, malgré les lenteurs calculées du prévenu, qui fait d'abord défaut, forme opposition et peut ensuite appeler.

D'après l'art. 187, le prévenu, condamné par défaut, après vérification du délit, n'a que cinq jours à partir de la signification du jugement, outre le délai de distance pour former opposition.

.D'après l'art. 203, le délai d'appel n'est que de dix jours entre le délai de distance, à partir de la prononciation du jugement contradictoire ou la signification du jugement par défaut. Il y a, dans ces dispositions, une extrême rigueur, car, le plus souvent, la citation qui ne donne que cinq jours pour comparaître, est laissée au domicile au lieu d'être remise à la personne, qui, par suite d'une méprise ou d'une absence, peut n'être pas instruite des poursuites et être condamnée par défaut. La notification du jugement peut également rester inconnue du prévenu; les cinq jours de l'opposition s'écoulent; cinq jours s'écoulent encore; l'appel est interdit, et une condamnation devient irrévocable contre quelqu'un qui n'a pu se défendre. On accorde des garanties infiniment plus larges au défaillant en matière civile, et au contumax en matière criminelle. Il sera donc prudent : 1o de la part du tribunal de ne prononcer une condamnation correctionnelle par défaut qu'en pleine connaissance de causes ; 2o de la part du ministère public de différer la notification du jugement.

Comment s'établit la preuve des délits? Elle se fait comme celle des contraventions (art. 154 à 156); et les dispositions des art. 157 à 161 sont communes aux tribunaux correctionnels. Du renvoi de l'art. 189 à l'art. 154 il résulte qu'en général, devant les tribunaux correctionnels, les enquêtes sont publiques et que les témoins doivent être entendus à l'audience. Ce principe reçoit quelques exceptions, par exemple, lorsque parmi les témoins se trouvent des militaires en activité de service, lorsqu'il s'agit du témoignage des princes et de quelques grands fonctionnaires ; on se contente de la lecture des dispositions.

L'instruction sera publique à peine de nullité (art. 190). Le jugement sera prononcé de suite, ou, au plus tard, à l'audience qui suivra celle où l'instruction aura été terminée. Il est, en effet, essentiel que le prévenu ne reste pas longtemps dans l'incertitude. Dans l'art. 191, il ne s'agit que des dommages réclamés par le prévenu contre la partie civile.

S'il ne s'agit que d'une contravention, bien que la faculté de demander le renvoi au tribunal de police ne soit accordé nominativement qu'à la partie publique et à la partie civile, il est difficile de la refuser au prévenu, qui paraît avoir été omis par inadvertance dans l'art ; il peut désirer jouir des deux degrés de juridiction, et alors que le ministère public et la partie civile se sont trompés, il n'a rien à se reprocher. Cependant, comme le prévenu n'est pas nommé, le refus qui lui aurait été fait ne pourrait servir de moyen de cassation. Si le renvoi n'est pas demandé, le tribunal n'applique que des peines de simple police. Il en est de même pour un délit, si le tribunal reconnaît des circonstances atténuantes. Il en est encore de même pour les contraventions forestières poursuivies à la requête de l'administration.

Nous ne pensons pas utile de nous étendre sur les art. 193, 194, 195, 196, 197, 198 ; leur lecture seule suffit pour en comprendre toute la portée sans qu'il soit nécessaire d'avoir recours à l'interprétation. Nous ferons observer qu'à l'art. 195, ainsi que dans les arrêts de cours d'assises, le défaut d'insertion du texte de la loi n'entraîne pas la nullité de la condamnation, comme en matière de simple police (art. 197). Les difficultés d'exécution des condamnations pécuniaires sont du juge civil.

De l'appel.

Nous sommes arrivés à l'appel. Les jugements correctionnels sont sujets à l'appel, mais si au lieu de statuer sur un délit, le tribunal a statué sur une contravention, sa décision est en dernier ressort.

La compétence en matière d'appel a varié avec la législation. En 1791, lorsque la connaissance des délits appartenait à un tribunal formé de trois juges de paix, l'appel se portait au tribunal civil du district. — En l'an IV, la connaissance des délits était retirée aux juges de paix, devenus juges de simple police, et des tribunaux correctionnels ayant été créés, l'appel se portait au tribunal du département. — Depuis la loi du 20 avril 1810, la connaissance des délits appartient aux tribunaux civils et l'appel sera porté à divers tribunaux, suivant les distinctions des art. 200 et 201.

Maintenant que nous savons où doit se porter l'appel, nous nous demandons à qui appartient la faculté d'appeler.

1° Aux parties prévenues ou responsables. — Le prévenu même acquitté peut appeler pour dommages-intérêts. — Le prévenu et la partie responsable peuvent appeler ensemble ou séparément ; l'appel de l'un ne peut ni nuire, ni profiter à l'autre ;

2° A la partie civile, quant à ses intérêts civils seulement ;

3° A l'administration forestière. — Ici se présente une question assez difficile à résoudre, et qui a trouvé de part et d'autre de nombreux contradicteurs. L'appel de l'administration forestière peut-il porter, indépendamment des intérêts civils même sur la pénalité ? Pour la négative on dit qu'en général, au ministère public seul, appartient le droit d'appeler. Pour l'affirmative, on dit que la négative rend le 3° de l'art. 202 inutile ; que ce 3° est général, car il ne s'est pas servi des mêmes expressions que dans le paragraphe précédent, *quant à ses intérêts civils seulement ;* enfin, que l'affirmative est plus conforme à l'ensemble de l'article ;

4° Par le procureur impérial du tribunal qui a jugé, et cela dans les dix jours ;

5° A celui du tribunal d'appel ou au procureur général près la cour d'appel, dans le délai d'un mois ou de deux mois.

En conséquence de l'appel interjeté, soit par le ministère public, soit par le prévenu, soit par la partie civile, relativement à la mission du tribunal, sont :

Si le prévenu a seul formé appel, le tribunal d'appel peut l'absoudre ou diminuer sa peine, mais non l'augmenter. — Si le ministère public a appelé seul à *minimâ*, il peut y avoir aggravation, il peut même d'après une opinion favorable au prévenu, mais peu logique, y avoir diminution; si le ministère public a appelé d'une manière indéfinie, il peut aggraver ou mitiger. — Si la partie privée a relevé appel après l'acquittement du prévenu, aucune pénalité ne peut être prononcée en appel, mais la partie privée peut obtenir les dommages-intérêts d'abord refusés.

Le délai du pourvoi en appel est de trois jours francs.

Vu par le Président de la Thèse,

LAURENS.

Cette Thèse sera soutenue dans une des salles de la Faculté, en séance publique, le 16 août 1858.

IMP. LAMARQUE ET RIVES.